AF137212

BEI GRIN MACHT SICH IHR WISSEN BEZAHLT

- Wir veröffentlichen Ihre Hausarbeit, Bachelor- und Masterarbeit

- Ihr eigenes eBook und Buch - weltweit in allen wichtigen Shops

- Verdienen Sie an jedem Verkauf

Jetzt bei www.GRIN.com hochladen und kostenlos publizieren

Bibliografische Information der Deutschen Nationalbibliothek:

Die Deutsche Bibliothek verzeichnet diese Publikation in der Deutschen National-
bibliografie; detaillierte bibliografische Daten sind im Internet über http://dnb.d-
nb.de/ abrufbar.

Impressum:

Copyright © 2015 GRIN Verlag, Open Publishing GmbH
Druck und Bindung: Books on Demand GmbH, Norderstedt Germany
ISBN: 978-3-668-17173-2

Dieses Buch bei GRIN:

http://www.grin.com/de/e-book/304624/softwareentwicklungsprojekte-schritte-
des-softwaremanagements-von-der

Patrick Pagels

Softwareentwicklungsprojekte. Schritte des Softwaremanagements von der Planung bis zur Inbetriebnahme

GRIN Verlag

GRIN - Your knowledge has value

Der GRIN Verlag publiziert seit 1998 wissenschaftliche Arbeiten von Studenten, Hochschullehrern und anderen Akademikern als eBook und gedrucktes Buch. Die Verlagswebsite www.grin.com ist die ideale Plattform zur Veröffentlichung von Hausarbeiten, Abschlussarbeiten, wissenschaftlichen Aufsätzen, Dissertationen und Fachbüchern.

Besuchen Sie uns im Internet:

http://www.grin.com/

http://www.facebook.com/grincom

http://www.twitter.com/grin_com

AKAD University

Wirtschaftsinformatik

Assignment

Thema:

„Softwareentwicklungsprojekte"

Studiengang Diplom Wirtschaftsinformatiker (FH)

Von:

Patrick Pagels

INHALTSVERZEICHNIS

1 Einleitung

Das Softwaremanagement beschäftigt sich insbesondere mit der theoretischen Seite eines Softwareentwicklungsprojekts. Dazu zählen Aufgaben wie die Planung, Zielsetzungen, Steuerung und Kontrolle des konkreten Projekts. Softwaremanagement ist speziell bei größeren Entwicklungsprojekten unabdingbar. Erfolgreiche Projekte benötigen ein ebenso erfolgreiches Softwaremanagement. Eine Forsa Studie kam zu dem Ergebnis, dass 59% aller Softwareprojekte das geplante Budget überschreiten, 46% die geplanten Termine um durchschnittlich sieben Monate überschreiten und die Fluktuationsrate der Projektleiter bei 68% liegt.[1] Dieser Zustand kann durch ein ganzheitliches, gutes Softwaremanagement verbessert werden.

1.1 Aufgabenstellung

Die Aufgabenstellung lautet: „Ausgehend von den im Modul erlernten Techniken sind für unterschiedliche aktuelle Softwareentwicklungsprojekte ein vereinfachtes Projektmanagement zu entwickeln und durchzuführen. Die Arbeit sollte dabei folgende Schritte umfassen: Planung, Lastenheft, Projektplan, Kalkulation und Aufwandsabschätzung, Ist-Analyse, Soll-Konzept, Modellierung der Anforderungen, Entwurfsphase, Realisierungsphase, Test, Inbetriebnahme". Nach telefonischer Rücksprache wurde entschieden, keine konkreten Beispiele zu beschreiben, sondern die einzelnen, in der Aufgabenstellung aufgezählten, Phasen zu erläutern.

1.2 Zielsetzung

Im Folgenden sollen die einzelnen Schritte eines Softwaremanagements erläutert werden. Dazu werden die verschiedenen Phasen von der Planung bis hin zur Inbetriebnahme beschrieben. Auf Grund der begrenzten Länge des Assignments wird insbesondere der fachliche bzw. formelle Teil des Softwaremanagements beschrieben, nicht personelle oder organisatorische Aspekte. Ziel ist es, dem Leser einen Eindruck über die einzelnen Phasen des Softwaremanagements zu geben.

---

[1] Vgl. Schreckeneder, B. C., Projektcontrolling – Projekte überwachen, steuern und präsentieren, 2. Auflage, Seite 14

1.3 Aufbau der Arbeit

Das Assignment beschreibt alle in der Aufgabenstellung vorgegebenen Schritte des Softwaremanagements in der Reihenfolge wie sie in der Regel auch in einem konkreten Projekt durchgeführt werden.

Zum Schluss wird noch ein kurzes Fazit über die Wichtigkeit und Notwendigkeit eines guten Softwaremanagements anhand eines eigenen Beispiels gegeben.

2 Softwaremanagement

Das Softwaremanagement lässt sich in verschiedene Phasen unterteilen. Diese geben eine zeitliche Abfolge von Tätigkeiten vor, die bei einem Softwareprojekt durchlaufen werden. Der große Vorteil einer solchen Aufteilung ist, dass komplexe Anforderungen transparenter werden und sich mögliche Probleme möglichst schnell identifizieren lassen.

2.1 Planungsphase

Bei der Projektplanung handelt es sich in der Regel um die umfangreichste, schwierigste und auch wichtigste Aufgabe. Eine erfolgreiche Projektplanung wirkt sich auf den gesamten Ablauf eines Projekts aus. Fehler in der Projektplanung können wiederrum gravierende Auswirkungen haben. Ein gutes Beispiel, wenn auch nicht aus dem Software-Bereich, ist der neue Flughafen in Berlin, der durch Fehlplanungen mit immensen Kostensteigerungen und Verzögerungen in der Eröffnung zu kämpfen hat. Somit ist die Planung die grundlegende Voraussetzung für den Projekterfolg.

Als Ergebnis der Planung sollte folgende Aussage beantwortet werden können: „Wer hat wann, was und mit welchem Aufwand zu tun, um rasch und sicher zum beschriebenen Produkt unter Berücksichtigung aller Ziele zu kommen?"[2]

In der Planungsphase wird insbesondere das vorhandene Problem (der „Auslöser" des Projekts) genauer analysiert und auf Basis dessen ein Projektvorschlag erarbeitet. Dieser konkretisiert die Probleme oder Wünsche des Auftraggebers und definiert die Zielvorgaben. Die Definition der Ziele hat eine besonders hohe Bedeutung

---

[2] Vgl. Tiemeyer E., Handbuch IT-Projektmanagement, 2. Auflage, Seite 179

und sollte daher zusammen mit Kunde und Auftraggeber formuliert werden, um falsche Erwartungen an die Software zu vermeiden. Diese sind ein häufiger Grund für das Scheitern oder mangelnde Akzeptanz von Projekten.

Insbesondere bei größeren Projekten empfiehlt sich die Definition von Meilensteinen. Ein Meilenstein ist ein konkreter Termin, an dem ein zuvor definiertes Zwischenergebnis, wie z.B. der Abschluss der Planungsphase oder die Erstellung eines ER-Modells, vorliegen soll.[3] Somit dienen die Meilensteine der Kontrolle über den Projektfortschritt.

Während der Projektplanung werden verschiedene Dokumente erstellt, die in den nachfolgenden Unterpunkten genauer erläutert werden. Diese Dokumente zusammengefasst stellen eine Machbarkeits- bzw. Durchführbarkeitsstudie dar. Mit Ihnen wird der Projektantrag als Ergebnis der Planungsphase erstellt, der dann von Auftraggeber und Auftragnehmer bewilligt werden muss.

2.1.1 Lastenheft

Das Lastenheft beschreibt die Anforderungen und Funktionen der geplanten Software aus Sicht des Kunden. Neben dem Pflichtenheft, das das Angebot des Anbieters beschreibt, dient es oft als Grundlage für die Vertragsverhandlungen. Die Anforderungen werden dabei nur grob beschrieben, häufig unter der Verwendung von ersten Skizzen und ohne eine eindeutige Struktur. Dadurch besteht das Lastenheft oftmals nur aus sehr wenigen, dennoch sehr wichtigen Seiten.

2.1.2 Projektplan

Der Projektplan dient als spätere Grundlage des Projekts, sodass er das zentral zu erstellende Dokument in der Planungsphase darstellt. Im Projektplan wird das zuvor grob formulierte Konzept präzisiert und vom Kunden sowie dem Anbieter genehmigt.

Der Projektplan definiert neben den Zielen auch die Kosten, benötigte Ressourcen, Personal etc. und kann aus zahlreichen Dokumenten bestehen. Darunter unter an-

---

[3] Vgl. Hölzle P., Projektmanagement: Kompetent führen, Erfolge präsentieren, 2. Auflage, Seite 103

derem ein Projektstrukturplan, ein Netzplan, oder eine Meilensteinliste. Während der Planungsphase sollte von beiden Seiten definiert werden, welche Dokumente gewünscht und erforderlich sind. [4]

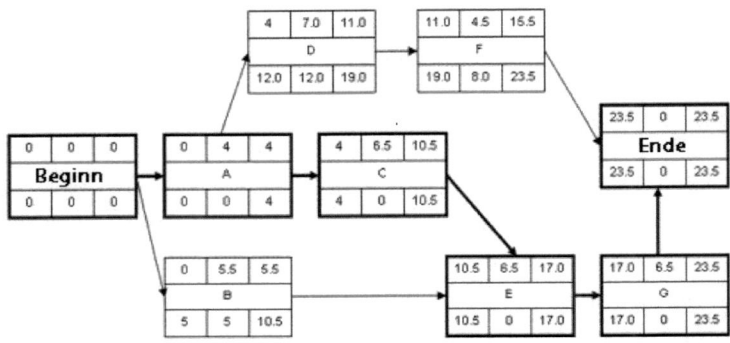

Abbildung 1 - Netzplan

2.1.3 Kalkulation und Aufwandsabschätzung

Der letzte Schritt der Planungsphase ist die Kalkulation und Aufwandsabschätzung. Um die Kosten und den Aufwand korrekt einschätzen zu können, müssen die Anforderungen und Ziele bereits festgelegt worden sein.

Zu diesem Zeitpunkt stellt sich auch die Frage der Wirtschaftlichkeit des Projekts. Ist ein Kosten- und/oder Zeitrahmen vorgegeben, ist es durchaus möglich, dass das Ergebnis der Abschätzung negativ ausfällt. In diesem Fall können die Ziele oder Rahmenbedingungen angepasst, oder das Projekt verschoben bzw. nicht realisiert werden. Es ist nicht unüblich festzustellen, dass sich ein Projekt unter den vorgegebenen Rahmenbedingungen nicht realisieren lässt.

Zur Ermittlung der Projektkosten stehen verschiedene Methoden zur Verfügung, die im Folgenden hinsichtlich Ihrer Vor- und Nachteile verglichen werden[5]:

---

[4] Vgl. Tiemeyer E., Handbuch IT-Projektmanagement, 2. Auflage, Seite 202
[5] Vgl. Drews G., Hillebrand N., Lexikon der Projektmanagementmethoden, 2. Auflage, Seite 161

Methode	Vorteile	Nachteile
Vergleich mit anderen, ähnlichen Projekten (Analogiemethode)	- Einfach und schnell zu realisieren - Kostengünstig	- Beruht oft auf Erfahrungswerten einzelner Personen - Nicht objektiv
Algorithmische Schätzverfahren	- Bessere Ergebnisse - Bewertung Anhang von Kennzahlen	- Benötigt Vorarbeiten - Erfordert sehr gewissenhafte Arbeit

Aus dem Ergebnis wird daraufhin der Projektaufwand abgeleitet und dementsprechend auch die Kosten ermittelt.

2.2 Analysephase

Die Analysephase, auch Requirements Engineering genannt, beginnt mit der Genehmigung des Projektantrags und beschreibt die zu entwickelnde Software aus Sicht der Anwender. Sie definiert, *was* zu tun ist.

Hier werden Informationen über Arbeitsabläufe, Geschäftsprozesse, Organisationen, Aufgaben, Schnittstellen etc. gesammelt und analysiert. Daraus entsteht zum einen eine Anforderungsspezifikation, die die Anforderungen der zu erstellenden Software enthält, zum anderen ein Fachkonzept, das die fachliche Lösung modelliert.

Die Analysephase lässt sich grob in folgende Aufgabenbereiche unterteilen:

- Ist-Analyse
- Soll-Konzept
- Modellierung der Anforderungen

Sie ist oft kosten- und zeitintensiv ohne dabei einen nach außen sichtbaren Erfolg im Sinne einer entwickelten Software vorzuweisen. Dennoch ist sie von besonderer Wichtigkeit, da bereits in dieser Phase „teure" Fehler erkannt werden können (Konzeptionelle bzw. Designfehler). Je später solche Fehler im Laufe des Projekts erkannt werden, desto teurer ist es, diese zu beheben.

Bei der Spezifizierung der Anforderungen müssen einige Herausforderungen bewältigt werden, wie z.B.:

- Fachbegriffe verallgemeinern, um Missverständnisse zu vermeiden
- Betroffene über Auswirkungen der Änderungen durch das Projekt informieren
- Zwischen Muss- und Kann-Kriterien unterscheiden
- Präzise und überprüfbare Anforderungen definieren[6]

Das Ergebnis dieser Phase ist eine Sammlung von Dokumenten auf dessen Basis sich der Entwurf der Software erstellen lässt.

2.2.1 Ist-Analyse

In der Planungsphase wurde bereits eine grobe Ist-Analyse durchgeführt, die nun als Basis verwendet wird. Die Ergebnisse werden ausformuliert und um erkannte Schwachstellen und Mängel ergänzt. Schwachstellen sind z.B.:

- Hohe Prozesskosten
- Mangelnde Informationen und Kommunikation
- Fehlende Schnittstellen
- Widerstände der Mitarbeiter
- Durchlaufzeiten

Spätestens in dieser Phase sollten die betroffenen Mitarbeiter des Unternehmens intensiver in das Projekt eingebunden werden. Häufig lassen sich so mögliche Widerstände feststellen. Viele Projekte scheitern nicht an den Kosten oder der Entwicklungszeit, sondern an der fehlenden Akzeptanz der betroffenen Anwender.

Eine Lösung des Problems ist, die involvierten Anwender intensiver in das Projekt einzubinden, indem z.B. Verbesserungsvorschläge aufgenommen und ernst genommen werden.

---

[6] Vgl. Badertscher K., Scheuring J., Wirtschaftsinformatik: Konzeption und Planung eines Informations- und Kommunikationssystems, 1. Auflage, Seite 112

Wichtigste Ziele der Ist-Analyse sind:

- Erfassung und Beschreibung des technischen sowie fachlichen Ist-Zustands
- Schwachstellenanalyse
- Bewertung der gefundenen Schwachstellen und Probleme

Zur Erstellung der Ist-Analyse stehen verschiedene Techniken zur Verfügung:

- Software für die Geschäftsprozessanalyse (z.B. mit EPKs)
- Fragebögen
- Interviews
- Beobachtungen und Messungen
- Durchsicht vorhandener Unterlagen im Unternehmen
- Kennzahlenvergleich mit anderen Unternehmen und Benchmarks
- Analyse der Kundenwünsche

Nach der Erfassung des Ist-Zustands wird dieser dargestellt und im Anschluss analysiert. Dabei sollte das Altsystem, bzw. der Urzustand dokumentiert werden. Die Schwachstellenanalyse bzw. insbesondere das Sammeln von Verbesserungsvorschlägen kann auch erst im Soll-Konzept durchgeführt werden.

2.2.2 Soll-Konzept

Das Soll-Konzept ist eine detaillierte Beschreibung des Projekts. Die daraus entstehende Anforderungsspezifikation enthält die fachliche Zielsetzung der zu entwickelnden Software aus Sicht des Auftraggebers.

Bei der Erstellung des Soll-Konzept sind zahlreiche Aspekte zu berücksichtigen, unter anderem:

- Benutzeraspekt
  - o Betroffene Nutzer sowie Abteilung werden festgestellt. Außerdem werden mögliche Qualifikationen der Benutzer definiert.
- Zielbestimmung
  - o Terminen und Kosten werden ermittelt und betriebswirtschaftliche Ziele ausformuliert. Größere Projekte werden häufig in Teilprojekte zerlegt.

- Fachkonzept

    o Das Fachkonzept beschreibt die Anforderungen an die Software aus fachlicher Sicht.

    o Dazu werden zuerst die Geschäftsprozesse detailliert. Insbesondere wird die Reihenfolge der Aufgaben, Zuständigkeiten und Informationsflüsse dargestellt.

    o Mit Hilfe der Geschäftsprozesse werden im Anschluss Funktionen, Systemverhalten, Daten und Objekte spezifiziert.

Diese Daten werden in einem Pflichtenheft zusammengefasst, das als Grundlage für die nachfolgende Entwurfsphase dient, aber auch als wichtige Unterlage für die Realisierungsphase. Häufig ist das Pflichtenheft auch die Basis für die Abnahme der Software, es stellt somit eine Beschreibung des Lieferumfangs dar. [7]

Das Pflichtenheft kann, je nach Projektumfang sehr viele Seiten enthalten. Da es auch als juristische Grundlage bei Vertragsstreitigkeiten verwendet werden kann, ist es ratsam das Pflichtenheft so detailliert und genau wie möglich zu verfassen.

2.2.3 Modellierung der Anforderungen

Die Modellierung der Anforderungen hilft in vielen Situationen das Fachkonzept verständlich und übersichtlich darzustellen. Ohne große Kenntnisse von den Details zu haben, ist es so dennoch möglich Widersprüche oder Fehler zu erkennen.

Es gibt eine Vielzahl von Methoden mit denen sich die Anforderungen modellieren lassen. Bekannte Methoden sind z.B.:

- EPK

    o Die ereignisgesteuerte Prozesskette ist eine beliebte Methode zur Darstellung des Ist- und Soll-Prozesses. Geschäftsprozesse lassen sich unabhängig von der Komplexität mit wenigen grafischen Elementen darstellen.

---

[7] Vgl. Tiemeyer E., Handbuch IT-Projektmanagement, 2. Auflage, Seite 48

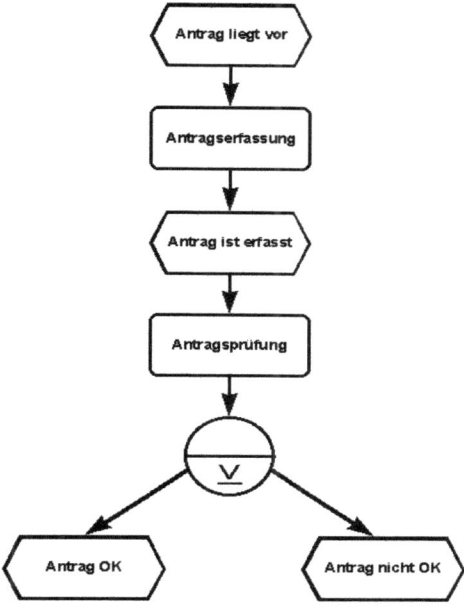

Abbildung 2 - EPK

- ER-Modell

  o Das Entity-Relationship-Modell eignet sich hervorragend zur Beschrei-
    bung von Daten. Mit Hilfe von Entitäten (Informationsobjekte) lassen
    sich konkrete Objekte wie z.B. eine Person darstellen, Relationen bilden
    die Beziehungen zwischen Entitäten ab. Mittels Attributen lassen sich
    die Entitäten beschreiben, wie z.B. der Name bei einer Person.

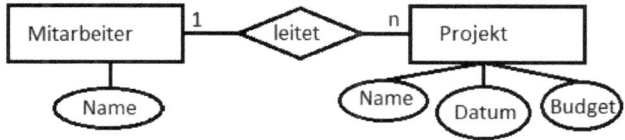

Abbildung 3 - ER-Modell

- Funktionsbäume
  - o Funktionen werden häufig in Funktionsbäumen modelliert. Dadurch lassen sich Abhängigkeiten sowie die hierarchische Struktur übersichtlich darstellen.

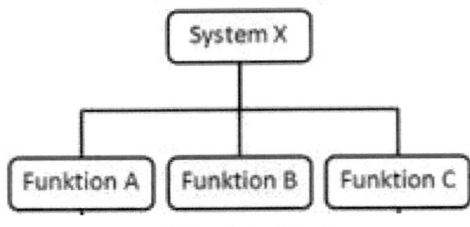

Abbildung 4 - Funktionsbaum

- Strukturierte Analyse
  - o Mit dieser Methode lassen sich die Anforderungen strukturieren. Auf dieser Grundlage können diese dann zusammen mit den Benutzern überprüfen werden. Dazu werden Datenflussdiagramme erstellt, die die Datenflüsse in einem Prozess sichtbar machen.

2.3 Entwurfsphase

In der Entwurfsphase wird aus den Ergebnissen der Analysephase mit Hilfe des Lastenhefts das Pflichtenheft konkretisiert. Dabei wird insbesondere festgelegt wie die Anforderungen technisch umgesetzt werden. Es ist wichtig, auf die Qualität des Entwurfs wert zu legen. Ein guter Entwurf löst das zuvor gestellte Problem, ist wirtschaftlich und im Idealfall mehrfach verwendbar.

Zu drei Punkten werden insbesondere Entwürfe erstellt:

- Systemarchitektur
  - o Die Software wird in einzelne Module aufgeteilt um die Komplexität der verschiedenen Probleme zu reduzieren. Es steht der Zweck, die Funktionen, im Vordergrund. Erstellt wird dieser Entwurf häufig mit einem Klassendiagramm, sowie sonstigen UML-Diagrammen[8]. Auf dessen

---

[8] Vgl. Tiemeyer E., Handbuch IT-Projektmanagement, 2. Auflage, Seite 294

Basis werden in der Realisierungsphase die konkreten Objekte und Funktionen umgesetzt.

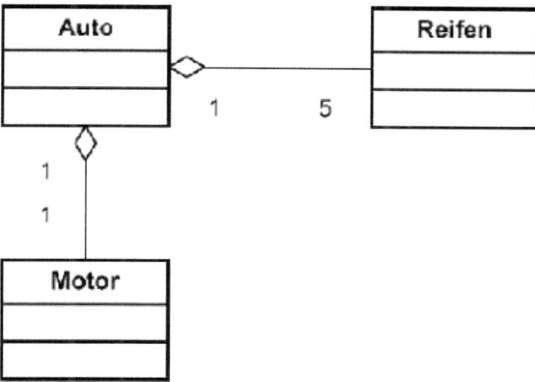

- Datenstrukturen
    - o Für die Datenstrukturen wird ein Datenbankschema entworfen. Dieses besteht aus Tabellen und dessen Attributen. Als Basis dient das zuvor erstellte ER-Modell.
- Oberfläche
    - o Für die Benutzeroberflächen der zu entwickelnden Software werden Prototypen erstellt. Diese sollten mit den zukünftigen Anwenden abgestimmt werden, um eine größere Akzeptanz des Projekts zu erreichen.

Ergebnis dieser Phase ist ein Pflichtenheft, auf dessen Basis sich die Software realisieren lässt.

2.4 Realisierungsphase

Der Entwurf wird in dieser Phase in eine konkrete Software umgesetzt. Dazu wird der Sourcecode mit der in der Entwurfs- oder Planungsphase vorgegebenen Software programmiert. Zusätzlich muss das Datenmodell in eine konkrete Datenbank umgesetzt werden.

Das Ergebnis dieser Phase ist die nach den Vorgaben erstellte Software. Hier zeigt sich erstmals wie gut die vorherigen Phasen realisiert wurden. Sollten Probleme nicht erkannt worden sein, oder Komponenten falsch geplant worden sein, kommt es in dieser Phase zu größeren Änderungen.

2.5 Test

In dieser Phase sollen vorhandene Fehler in der Software aufgespürt und behoben sowie das entwickelte Programm auf Vollständigkeit überprüfen werden.

Diese Phase ist besonders wichtig, um spätere teure Fehlerbehebungen zu vermeiden. Durch Tests lassen sich nur die Fehler finden, nicht dessen Ursachen. Die Ursachen werden im Anschluss durch die Entwickler festgestellt und behoben.

Es gibt zwei Testverfahren:

- White Box Test
    - o Hier ist das „innere" des Programms bekannt und alle Funktionen und Befehle werden einzeln getestet.
- Black Box Test
    - o Hier werden die Tests auf Grund der Programmspezifikationen getestet, wie diese intern umgesetzt wurden ist nicht relevant. Somit wird nur die Korrektheit der Ergebnisse überprüft.[9]

Häufig erzeugen die gefundenen Fehler einen großen Aufwand in der Fehlerbehebung, einige Fehler können sogar zu großen Änderungen in der bereits erstellten Software führen. Hier zeigt sich oftmals, ob die Qualität der Planung ausreichend war.

In vielen modernen Projekten werden die Tests bereits während der Entwicklung durchgeführt. Dazu werden Testfälle erstellt, die in regelmäßigen Abständen immer wieder durchlaufen werden. Ein solches Verfahren wird als Test-Driven-Development bezeichnet.

Tests werden in verschiedenen Varianten durchführen:

- Einzeltest: Testet nur bestimmte Module bzw. Komponenten der Software

---

[9] Vgl. Liggesmeyer P., Softwarequalität – Testen, Analysieren und verifizieren von Software, 2. Auflage, Seite 40

- Integrationstest: Testet die Module untereinander
- Verfahrenstest: Testet die gesamte Software
- Abnahmetest: Finaler Test durch die zukünftigen Anwender

2.6 Inbetriebnahme

Wurden die Tests erfolgreich abgeschlossen und durch den Auftraggeber abgenommen, wird die Software in Betrieb genommen.

Dazu gibt es verschiedene Methoden:

Methode	Vorteile	Nachteile
Stichtagsumstellung	Sofortige Nutzung des Systems	Hohes Risiko bei Fehlern, da ggf. keine Software genutzt werden kann
Parallelbetrieb	Geringeres Risiko bei Ausfällen	Höhere Belastung der Anwender Nicht geeignet bei Anpassung der Geschäftsprozesse
Stufenweise Einführung	Entlastung der Anwender Höhere Akzeptanz	- Nicht möglich bei eng zusammenhängenden Systemen
Ortsumstellung	- Erfahrungen können genutzt werden	- Hohe Einführungskosten

Im Anschluss an die Inbetriebnahme folgt die Nutzungsphase. Dort wird die Software in der Regel weiter gepflegt und gewartet.

3 Zusammenfassung

Ein gutes Softwaremanagement kann über die Qualität und den Erfolg eines Projektes entscheiden. In vielen Projekten wird an den falschen Stellen „gespart", sodass am Ende einige Probleme auftreten, die sich nur mit viel Aufwand beheben lassen.

Ich selbst bin seit 2 Jahren selbstständig und habe von meinem ehemaligen Arbeitgeber einen Teil aus dem Unternehmen herausgekauft. Dabei handelt es sich um eine Software zur Verwaltung von Musikschulen, die inzwischen ca. 10 Jahre alt ist.

Somit stand von Beginn an fest, dass ich die Software neu entwickeln muss. Dies war und ist mein erstes eigenes großes Softwareprojekt. Inzwischen befindet es sich in der Realisierungsphase und auch hier zeigt sich, dass ein gutes Projektmanagement unabdingbar ist. Fehler, die ich in der Planungsphase gemacht habe, machen sich nun bemerkbar und sorgen für eine zeitliche Verzögerung des Projekts und zusätzliche Kosten.

In der Planungsphase wurde z.B. entschiedene, viele Anforderungen erst während der Entwicklungsphase zu definieren, um möglichst schnell mit dieser beginnen zu können. Dies hat zwar grundsätzlich geklappt, sorgt jetzt allerdings immer wieder für größere Umbaumaßnahmen im Programm.

Mit der Veröffentlichung der ersten Beta-Version haben die Bestandskunden einen ersten Eindruck von dem Programm erhalten. Dieses war grundsätzlich positiv, jedoch sind einige Designfehler zum Vorschein getreten, die nur mit viel Aufwand korrigiert werden können. Bei einem weiteren Projekt würde ich daher die Kunden eher einbinden, um solche Probleme im Voraus zu vermeiden.

Positive Erfahrung konnte ich mit dem Test-Driven Development sammeln. Die bereits implementierten Unit Tests haben eine Vielzahl an Fehlern aufgedeckt, sodass sich der Testaufwand nun insbesondere auf das Zusammenspiel der einzelnen Komponenten, sowie der Übernahme der Daten aus dem Altsystem beschränkt.

Abbildungsverzeichnis

Sämtliche Abbildungen wurden händisch erstellt, ohne externe Quellen zur Hilfe zu nehmen.

Literaturverzeichnis

Liggesmeyer, Peter	Software-Qualität – Testen, Analysieren und Verifizieren von Software - 2.Auflage, Heidelberg 2009
Schreckeneder, Berta C.	Projektcontrolling: Projekte überwachen, steuern und Präsentieren – 2. Auflage, Freiburg
Tiemeyer, Ernst	Handbuch IT-Projektmanagement – 2. Auflage, München 2014
Hölzle, Phillip	Projektmanagement – Kompetent führen, Erfolge Präsentieren, 2. Auflage, München 2007
Bardertscher, Kurt Scheuring, Johannes	Wirtschaftsinformatik: Konzeption und Planung eines Informations- und Kommunikationssystems – 1. Auf-Lage, Zürich 2006
Drews, Günter Hillebrand, Norbert	Lexikon der Projektmanagementmethoden – 2. Auflage, München 2010

BEI GRIN MACHT SICH IHR WISSEN BEZAHLT

- Wir veröffentlichen Ihre Hausarbeit,
  Bachelor- und Masterarbeit

- Ihr eigenes eBook und Buch -
  weltweit in allen wichtigen Shops

- Verdienen Sie an jedem Verkauf

Jetzt bei www.GRIN.com hochladen und kostenlos publizieren